ÉTRENNES

A M. DE LAHARPE,

A l'occasion de sa brillante rentrée
dans le sein de la Philosophie.

.... Le Fanatisme est son horrible nom ;
Enfant dénaturé de la Religion ,
Armé pour la défendre, il cherche à la détruire,
Et reçu dans son sein , l'embrasse et le déchire.

VOLTAIRE.

A PARIS,

Chez Dabin, libraire, au bas de l'escalier de
la Bibliothèque, Palais du Tribunat.

An X. ---- 1802.

ÉTRENNES
A M. DE LAHARPE.

PRÉFACE.

On parle de retour à la Religion ;
sans doute ce retour n'est pas moins
indispensable pour les gouvernans
que pour les gouvernés. Sans lui,
point de bien public possible, et
nulle espèce de consolation pour la
partie de la nation la plus intéressante et la plus nombreuse, en un
mot pour les malheureux. Nous n'a-
vons donné que trop long-tems à
l'Europe le spectacle effrayant d'un
peuple sans religion et sans mœurs ;
et plus les effets de nos égaremens
ont été terribles et funestes, plus nos
vœux doivent accélérer le moment
d'un retour sincère à l'idée d'un
Dieu rémunérateur et vengeur ; mais
plus cet heureux moment paraît s'ap-
procher, plus il est essentiel de tra-
cer une ligne de démarcation qui
sépare à jamais l'or pur du Christia-

nisme de la rouille envenimée de la superstition ; c'est ce que nous nous sommes principalement proposé dans ce recueil.

En ramenant cette Religion sainte à la simplicité majestueuse des tems apostoliques, il n'y restera qu'un esprit de paix et d'amour, et le plus beau code de morale qui ait jamais été donné aux hommes.

Que ces Prêtres, qui accusent la Philosophie d'avoir renversé la Religion, et qui pourraient s'en accuser, à plus juste titre, se renferment donc dans les limites de leur ministère ; qu'ils cessent de donner au monde le scandale de leur opulence, de leur luxe, de leur mollesse; qu'ils instruisent en donnant l'exemple, et que le souvenir des malheurs qui sont arrivés, et qui pourraient renaître, les ramène enfin au véritable esprit de l'Evangile, qui ne prescrit aux hommes que deux commandemens renfermés dans ces belles paroles : aimez Dieu, aimez le prochain.

In his duobus mandatis universa lex pendet et Prophetæ.

ÉPITRE DÉDICATOIRE

A Monsieur DE LAHARPE.

C'EST au nom de la philosophie avec laquelle vous venez de vous réconcilier aussi solemnellement que vous aviez paru l'abjurer ; c'est en son nom , dis-je , mon cher Laharpe , que je vous présente ce petit recueil dont vous faites les principaux honneurs, et qui commence par deux de vos meilleurs ouvrages. En rendant au théâtre votre Mélanie, par un consentement signé de votre main , vous venez de prouver à toute la France que le travestissement auquel vous vous étiez soumis , et qui n'était fondé que sur des espérances dont vous reconnaissez enfin l'illusion , n'était de votre part qu'un travestissement de circonstance , et je vous avoue que je vous connaissais trop bien pour en douter.

Élevés ensemble au collége d'Harcourt où nous avons fait nos premières armes, personne n'a été plus à portée que moi d'observer , dès votre plus tendre jeunesse, ces traits de caractère , qui annonçaient ce que vous deviez être

A 3

un jour , et cette vocation prématurée , mais
irrésistible, qui vous entraînait impérieusement
vers la philosophie. Je me rappelle encore
combien notre Principal , le bon M. Asselin,
qui prenait de vous un soin particulier , en
conçut d'allarmes , et les couplets badins que
vous fîtes circuler dans le collége sur ses saintes frayeurs. Les pédans scandalisés vous en
firent un crime , et prirent bonnement pour
une marque d'ingratitude ce qui n'était réel-
lement qu'une preuve du profond mépris que
vous inspiraient déjà les idées superstitieuses
auxquelles on voulait vous assujettir. Pour
comble de ridicule , le Gouvernement ne
rougit pas d'épouser la querelle de ces pédans,
et de vous faire expier ce prétendu crime dans
une prison qui dut vous paraître d'autant plus
humiliante que ce n'était pas la Bastille , et
que les lauriers de Warvick ne purent vous
garantir de cette insulte. O combien je vous
en vis gémir ! Quels sermens d'une haine im-
placable vous vous permîtes alors , et contre
ce Gouvernement tyrannique , et contre l'esprit de fanatisme dont il était animé ! Que
cette haine se montra depuis dans toute son
énergie , lorsque sous le noble costume de la
liberté, c'est-à-dire, sous le bonnet rouge qui en
était devenu l'emblême , vos lèvres palpitantes

de mouvemens convulsifs, prononcèrent en
plein théàtre, ce courageux dythirambe qui
ne respirait que la vengeance et la mort ! (1).

Et moi, mon cher Laharpe, moi témoin de
cette scène, et qui vous ai si rarement perdu

_____

(1) L'époque où ce dythirambe fut prononcé est in-
finiment remarquable, ce fut le 3 décembre 1792,
trois mois après le massacre des prisons, auquel le
poëte fit allusion par cette strophe adressée à nos sol-
dats, et qui rappelle évidemment ce jour de vengeance:

Qui pourrait arrêter vos efforts magnanimes ?
Vous marchiez jusqu'ici, vers le champ des combats,
Sur des feux souterrains cachés dans des abymes
     Où vous attendait le trépas.
Vous n'avez plus du moins à combattre les crimes ;
Les volcans sont éteints, les piéges sont fermés,
Et les conspirateurs punis ou désarmés.

Le ton général de l'ouvrage n'est pas moins digne
d'être remarqué ; et nous ne pouvons du moins nous
dispenser de citer cette strophe :

La trompette a sonné, la palme est toute prête.
Bravez des feux guerriers la bruyante tempête,
    Soldats, avancez et serrez.
    Que la bayonnette homicide,
Au-devant de vos rangs, étincelante, avide,
Heurte les bataillons par le fer déchirés.
Le fer, amis, le fer, il presse le carnage ;
C'est l'arme du Français, c'est l'arme du courage,
L'arme de la victoire, et l'arbitre du sort.
Le fer...... il boit le sang, le sang donne la rage,
    Et la rage donne la mort.

A 4

de vue , j'aurais pu vous soupçonner d'avoir
abjuré sérieusement des principes nés , pour
ainsi dire, avec vous, que vous avez rendus
les miens , et qui ont fait depuis quarante ans
le plus beau titre de votre gloire ? Non , mon
ami , non , je n'ai pu vous croire capable de
cette lâcheté : des miracles me l'auraient
attesté , que j'en aurais démenti mes yeux ;
et lorsque vous affichiez avec le plus d'ostentation des principes tout opposés , cette ostentation même et mes observations particulières,
me prouvaient invinciblement que ce prétendu
zèle pour des opinions que vous avez si cons-
tamment dédaignées , ne pouvait être qu'un
zèle simulé par des motifs que je ne me per-
mettais pas d'approfondir.

O combien vous avez du rire aux dépens
des idiots qui vous croyaient de leur bord et

Jamais Tyrtée n'alluma par ses chants guerriers
une soif de sang plus ardente que celle dont on se
sentit embrâsé à la lecture de ce fameux dythirambe.
Quelques ames faibles , incapables de soupçonner le
degré de chaleur que peut ajouter l'enthousiasme aux
inspirations du génie , crurent bonnement , après
avoir lu ces vers, que M. de Laharpe était possédé :
quelle eût donc été leur surprise, si, comme Eschyne
le disait de Démosthènes , elles l'avaient entendu
tonner lui-même?

qui s'applaudissaient si niaisement d'avoir fait votre conquête ! Malgré l'extrême adresse que vous avez su mettre dans un rôle si peu fait pour vous , comment ne s'appercevaient-ils pas qu'en feignant de vous affubler de leur manteau , vous n'aviez peut-être en aucun temps , mieux servi la philosophie ? Vous vous permettiez bien, il est vrai, quelques censures très-amères sur le poëme de la Pucelle (1) , qui nous a fait passer tant d'heures

---

(1) Voici le jugement que portait M. de Laharpe du poëme de la Pucelle, dans un éloge de Voltaire qu'il fit paraître en 1780 , chez Pissot , libraire, quai des Augustins :

« .... Et pour ne pas sortir de la poésie , ce bril-
» lant rival de Racine n'est - il pas encore celui de
» l'Arioste ? Oublions quelques traits que lui-même a
» effacés ; effaçons-en même d'autres échappés à l'in-
» tempérance excusable d'un génie ardent ; que la
» France ne soit pas plus sévère que l'Italie , qui
» a pardonné tant d'écarts au chantre de Roland ; ne
» jugeons pas dans toute la sévérité de la raison ,
» ce qui a été composé dans des accès de verve et
» de gaîté. Peignons, s'il le faut, au-devant de ce
» poëme où le talent a merité tant d'éloges, s'il a
» besoin de quelques excuses , peignons l'imagi-
» nation à genoux , présentant le livre aux Graces,
» qui le recevront en baissant les yeux et en mar-
» quant du doigt quelques pages à déchirer; et ,
» après avoir obtenu pardon (car les Graces sont
» indulgentes) , osons dire en leur présence , et de

agréables , que vous savez par cœur , et que
personne n'a su lire avec autant de grâce et de

» leur aveu , que nous n'avons point dans notre
» langue , d'ouvrage semé de détails plus piquans
» et plus variés , où la plaisanterie satyrique ait
» plus de sel , où les peintures de la volupté aient
» plus de séduction , où l'on ait mieux saisi cet es-
» prit original qui a été celui de l'Arioste , cet es-
» prit qui se joue si légèrement des objets qu'il
» trace, qui mêle un trait de plaisanterie à une
» image terrible , un trait de morale à une pein-
» ture grotesque , et confond ensemble le rire et
» les larmes, la folie et la raison.» *Eloge de Voltaire* ,
» *pages* 41 *et* 42.

Ecoutons maintenant M. Laharpe , *tom. VIII*
de son Cours de littérature, pag. 41 *et* 42 :

« Jamais l'impudence du vice et du blasphème n'a
» été portée plus loin que dans cet ouvrage ; et ,
» quoique le vice y fût souvent de la plus dégoû-
» tante crapule , et le blasphême *inepte et grossier* ,
» tel était déjà l'attrait de l'impiété hardie et de la
» débauche effrontée , que ce poëme scandaleux ne
» trouva presque plus que des approbateurs.» Ailleurs
M. Laharpe n'y voit guères que des scènes de cabaret
et de corps-de-garde. Il n'y eut jamais, selon lui , de
plus informe , de plus grossière , et de plus *inepte*
caricature qu'un chant entier de ce même poëme,
dont l'idée cependant est prise en quelque sorte, mot
pour mot, d'une aventure de Don-Quichotte, que tout
lecteur se rappelle; ce qui ne se concilie pas trop avec
la critique amère qu'en fait M. de Laharpe. Enfin il va

séduction que vous. Les termes les plus durs
étaient ceux que vous adoptiez de préférence ,
et vous appelliez inepte et grossier ce poëme
charmant , dont vous aviez fait autrefois de si
brillans éloges; mais en vous voyant passer ainsi
du blanc au noir , et vous démentir vous-même
d'une manière si outrée , en vous voyant
prendre si ouvertement de tous les masques
celui qui convenait le moins à vos traits ,
c'est-à-dire le masque d'un sot, comment
ces messieurs ne devinaient-ils pas que vous
ne pouviez leur faire expier par une satyre
plus sanglante leur propre ineptie , qu'en vous
abaissant à les contrefaire jusques dans leurs
expressions ? Le sentiment prétendu religieux

---

jusqu'à dire , que l'auteur, quelqu'eût été son talent
et son nom, n'eût pas dû trouver d'asyle dans l'Europe entière.

Voilà deux jugemens bien opposés du même ouvrage. Dans l'un, M. de Laharpe semblait inspiré par
les Grâces ; dans l'autre, on le croirait agité des fu-
ries. On voit qu'il a parfaitement saisi la nuance qui
distingue l'homme aimable, l'homme de bonne com-
pagnie , du dévot: mais en se permettant ces mons-
trueuses exagérations , n'est-il pas évident qu'il a
très-bien senti que trop prouver était précisément ne
rien prouver ; et pouvait-il s'y prendre avec plus d'a-
dresse pour se moquer de ses crédules auditeurs?

qui eût produit dans votre style une métamorphose si étrange , n'eût-il donc pas été, même
en le supposant sincère , bien plus ridicule
qu'édifiant ?

Je conçois qu'en faveur des jolies dévotes
qui se flattaient de vous avoir converti ou
perverti , vous avez pu porter la complaisance
jusqu'à vous montrer à l'église *breviaire en
main* ; mais vous alliez le soir au Lycée faire
l'apothéose des tragédies de Voltaire ; et l'on
sait assez qu'il n'en est aucune qui ne soit plus
ou moins empreinte de cet esprit philosophique
auquel vous ne sembliez dire anathême , que
pour le faire mieux valoir dans ce cours
de littérature où vous ne balancez pas à donner la pomme à Zaïre (1) sur les plus
belles pièces du pieux Racine. Voilà , par

---

(1) « Zaïre , dit M. de Laharpe, est la tragédie du
» cœur et le chef-d'œuvre de l'intérêt. La douleur
» de Bérénice est tendre , mais la passion de Titus
» est faible. Hermione , Roxane , Phèdre sont for-
» tement passionnées ; mais les deux premières par-
» lent d'amour, le poignard à la main ; l'autre ne
» peut en parler qu'en rougissant. Tout l'effort
» de l'auteur ne peut aller qu'à faire plaindre ces
» femmes malheureuses et forcenées........ Mais
» jamais on ne plaça au théâtre deux personnages
» aussi chers qu'Orosmane et son amante ». Lisez

exemple , des remarques qui échappaient à
vos crédules béates; mais auxquelles il m'était
impossible de ne pas vous reconnaître.

J'avoue pourtant que par l'imprudente édition
de votre correspondance Russe, vous vous êtes

---

avec plus de détail, dans l'éloge de Voltaire, tout ce
qui regarde les tragédies de ce poëte philosophe : re-
marquez-y sur-tout combien M. de Laharpe y relève
les beautés que Voltaire, selon lui, ne doit qu'à cette
philosophie touchante et sublime, qui ne s'était
pas encore montrée aux hommes sous des formes si
brillantes. Voyez ce qu'il dit de Mahomet :

« Eh ! quel autre que l'ardent et courageux en-
» nemi du fanatisme, a pu traîner ainsi ce monstre
» sur la scène, lui arracher son masque imposteur,
» le montrer infectant de ses poisons l'âme la plus
» innocente, souillant la vertu même du plus af-
» freux des crimes, et plaçant dans la main la plus
» pure le poignard du parricide ! » Quelle haute
idée ne donne-t-il pas de Sémiramis, non moins im-
posante, dit-il, mais plus intéressante qu'Athalie !
Voyez comme il a soin d'établir que la muse tragique est principalement redevable à Voltaire des si-
tuations les plus déchirantes, et des plus profondes
émotions que l'on ait connues au théâtre ! Passez ensuite au cours de littérature où vous retrouverez
M. de Laharpe toujours pénétré de la même admira-
tion, toujours fidèle aux mêmes éloges ; et jugez ce
qu'il a dû penser de l'extrême simplicité de ceux qui
ont pu croire qu'il avait changé de principes !

un peu trop ouvertement compromis, en leur désillant trop brusquement les yeux. Les traces de philosophie qu'on y découvre à chaque page, et que vous ne désavouez que faiblement dans quelques notes, en vous contentant de dire qu'alors vous n'aviez pas de principes, et les contes grivois qui s'y trouvent semés avec profusion, commençaient à rendre votre apostolat très-suspect aux moins clair-voyans : mais il faut vous en applaudir; et c'est, sans doute, ce qui vous a déterminé à jetter loin de vous un masque qui vous pèsait depuis long-tems, et dont vous ne pouviez plus vous promettre aucun avantage. Que je vous félicite, mon cher ami, d'avoir rompu tout pacte avec vos caffards énergumènes, en reprenant si courageusement, aux yeux de tout Paris, la cocarde philosophique! Avec quelle secrette rage ils ont entendu, dans Mélanie, ces vers que vous avez placés si heu-reusement dans la bouche de votre curé, et que vous vous êtes bien gardé de retrancher! Jamais les philosophes n'ont reçu de vous un éloge plus magnifique :

Quant au titre de sage, en nos jours prodigué,
Dénigré par la haine, et par l'orgueil brigué,

Celui qui le mérite honore la nature ;
L'ignorance et l'envie en ont fait une injure ;
L'hypocrite un forfait, l'honnête homme un devoir (1).

L'hypocrite un forfait, mon cher Laharpe,
quel admirable coup de pinceau ! Les cagots

---

(1) Quels étaient ces sages dont le bon curé de Mélanie parle avec tant d'éloge ? Personne n'ignore que
c'étaient ces grands philosophes qui ouvraient alors
on fermaient à leur gré les portes des académies, et
qui venaient de disposer d'une place vacante en faveur de M. de Laharpe, ceux mêmes que Palissot
avait osé mettre en scène, quelques années aupara-
vant, dans sa comédie des philosophes ; et de peur
qu'on ne s'y méprît, c'est à cette comédie que M. de
Laharpe faisait allusion dans ce vers consacré à la
vengeance :

L'ignorance et l'envie en ont fait une injure.

Au reste, M. de Laharpe ne faisait alors que se
conformer à un usage si généralement reçu, qu'il
ne pouvait guères s'en dispenser. Il n'était, à cette
époque, et long-temps après, petit ni grand écri-
vain qui, en livrant un ouvrage quelconque, soit
à l'impression, soit au théâtre, ne se crût obligé,
pour faire sa cour, de régaler de quelque camou-
flet l'impudent Aristophane qui s'était permis de
manquer de respect aux Socrates du jour. Cette re-
présaille n'était au fond qu'un acte de justice.

A l'égard de la conversion de M. de Laharpe, nous
n'avons jamais senti de quelle importance elle pouvait
être pour le parti dévot. Admettons-la pour sérieuse:
quelle ressource pouvait offrir à ce parti M. de Laharpe, parvenu à son déclin et touchant à la vieil-

consternés, et n'osant élever la voix , vous
en faisaient sourdement l'application ; mais
que vous en avez été bien vengé par les ap-
plaudissemens dont les philosophes ont fait
retentir la salle ! « Il est rentré dans le giron ,
s'écriaient-ils » ; et moi je le répétais en ver-
sant des larmes d'attendrissement et de joie.

J'ai voulu que ce petit recueil servît , en
quelque sorte , de monument à cette glorieuse
journée. Vous vous y retrouverez , mon ami ,
tel que vous étiez dans les beaux jours de votre
gloire ; et les pièces que j'ai cru pouvoir as-
socier aux vôtres , vous offriront ce doux
parfum de philosophie que vous devez être
d'autant plus pressé de respirer , que dans
vos assemblées dévotes vous ne respiriez que
ce plat encens dont la sottise enivre la superstition , et qui a dû vous causer souvent
de terribles nausées.

---

lesse, et qui avait consacré à la philosophie les
belles années de sa jeunesse et de sa maturité ? Le
beau sujet de triomphe que la conquête d'un vieillard
évidemment déchu dans l'opinion publique , et que
son changement même eût achevé de rendre méprisable ! C'est ce que M. de Laharpe lui-même a parfaitement bien senti : il a voulu que ses cheveux blancs
descendissent avec honneur dans la tombe , couverts
des lauriers de Mélanie

AVERTISSEMENT.

Les deux pièces suivantes, *le Camaldule* et la *réponse à Rancé*, composées il y a plus de vingt ans, prouvent que l'auteur de *Mélanie* avait eu de bonne-heure une horreur profonde pour les vœux mouastiques et pour tous les abus qui en sont la suite; il a consacré trois ouvrages à combattre ce fanatisme aussi insensé que dangereux. Le fonds d'idées qui les remplit a été, depuis la révolution, employé plus ou moins heureusement, par presque tous les écrivains qui ont combattu le régime claustral; mais il est juste de se souvenir qu'à l'époque où M. de Laharpe est entré en lice, ces idées étaient beaucoup moins répandues, et que ses ouvrages ont attaqué le monstre avant que les lois l'eussent abattu.

LE CAMALDULE (1),

Par M. DE LAHARPE.

Sur des côteaux rians et cultivés qui dominent au loin le délicieux paysage que forment les rives de l'Hière, s'élèvent les bois des Camaldules. On chercherait en vain un ombrage

---

(1) Cette pièce et la suivante, du même-auteur, respirent la plus pure philosophie; et, quoique M. de Laharpe n'attaque, dans l'une et dans l'autre, qu'un préjugé détruit en France, ce préjugé subsiste néanmoins dans plusieurs états de l'Europe; et sous ce rapport, elles peuvent y produire les plus salutaires effets. On voit, d'ailleurs, que M. de Laharpe ne s'arrête pas tellement à un seul abus, qu'il n'ébranle en même temps les appuis de la superstition et du fanatisme : c'est ce qu'on appercevra clairement dans la préface mise, par Voltaire, à la tête de la Réponse d'un Solitaire de la Trappe à la Lettre de l'abbé de Rancé, préface que M. de Laharpe n'a pas manqué de joindre à toutes les éditions qu'il a faites de cet ouvrage. Voltaire, qui connaissait parfaitement toute la force d'esprit et l'intrépidité du plus cher de ses élèves, le regardait comme l'homme appelé le plus spécialement par la Providence à finir le grand œuvre qu'il avait lui-même si heureusement commencé.

plus agréable, plus frais, plus solitaire; la nature y est simple sans être sauvage, et soignée
sans parure. Cette promenade, voisine de ma
retraite, est une de celles qui m'attirait le plus
souvent; c'est un abri contre la chaleur et un
asyle pour la rêverie; j'y entrais, il n'y a pas
long-tems, sur le déclin du jour, vers cette
heure où le calme des campagnes et la fraî-
cheur portent dans l'ame un sentiment doux et
l'invitent à jouir en silence. Jamais ces bois ne

M. de Laharpe y travaillait en effet avec un zèle qui
avait paru se refroidir dans ces derniers tems; mais on
n'ignore pas combien il est intérieurement affermi
dans ses opinions. La part qu'il a prise aux dernières
représentations de sa Mélanie, le rôle de Monval qu'il a
fait jouer par Damas qui s'en est si bien acquitté; le
pompeux éloge des philosophes qu'il a eu grand soin
de conserver dans ce drame; et les rétributions que lui
ont payées les comédiens, prouvent assez sa persévérance inébranlable dans ses anciens principes : c'est
le réveil du lion. Les peintures plus que voluptueu-
ses qui se trouvent d'ailleurs avec profusion dans sa
traduction du Tasse, et qu'il a lues publiquement
chez le ministre des relations extérieures, les frag-
mens qu'il en a fait insérer dans le Mercure, prouvaient déjà très-évidemment à tous ceux qui savent
observer, que M. de Laharpe était bien loin d'être
tombé en enfance, comme ses ennemis se permet-
taient de le publier.

m'avaient paru plus beaux ; il me semblait qu'autour de moi tout devait goûter le repos et le bonheur. Au moment où je me remplissais de cette pensée, je vis s'avancer du fond d'une allée un homme vêtu d'une longue robe blanche ; il marchait à pas lents ; et dans cet instant où tout ce qui m'entourait me paraissait l'Elysée, je l'aurais pris volontiers pour une ombre heureuse ; mais j'en eus bientôt une idée fort différente. A mesure qu'il s'approchait, je remarquais sur son visage les empreintes de la tristesse et du malheur ; un caractère sombre et funeste était gravé dans les replis de son front hâve et dans les sillons de ses joues creuses. De tems en tems il jettait autour de lui des regards sinistres, et les reportait bientôt vers la terre. Il semblait que la beauté du jour et des campagnes fût pour lui affligeante et importune. Tel Milton nous représente l'ange des ténèbres apostrophant dans son courroux l'astre de la lumière, ou tel on peindrait le génie du mal, Arimane regardant la création pour la maudire ou la troubler.

Je m'approchai de lui ; mon père, lui dis-je, (car c'était un de ces hommes que l'on appelle toujours du nom de pères, et à qui l'on défend de l'être jamais) que ces bois qui environnent votre demeure ont d'agrémens et de charmes !

et que vous devez en jouir ! Les ames que n'agitent point les passions du monde sont plus sensibles aux attraits de la solitude et de la nature ; et les jouissances de votre âge sont le repos et un beau jour.

Jeune homme, me dit-il, vous vous méprenez sur tout : ce que vous appellez ma demeure est ma prison : les passions dans la solitude fermentent avec plus d'amertume ; la nature n'est jamais belle pour les malheureux ; et sans la paix du cœur, il n'y a point de beau jour.

Eh ! qui peut vous ôter aujourd'hui cette paix ? Vos cheveux blancs attestent une longue expérience. Quelles erreurs peuvent troubler encore la vieillesse d'un solitaire ?

Oui, sans doute, il y a long-tems que je vis, et que je vis seul ; pensez-vous que notre chaîne devienne plus légère pour l'avoir portée cinquante ans ?

Mais cette chaîne, ne l'avez-vous pas choisie ?

Ceux qui l'ont choisie finissent souvent par la détester ; mais on me l'imposa malgré moi.

Et qui put exercer sur vous cette abominable tyrannie ? Mon père. C'était donc un barbare ?

Non, il n'était que faible et dominé par une femme impérieuse. Nous étions beaucoup d'en-

fans ; il entrait dans les arrangemens de ma
mère que je prisse l'habit monastique ; c'était
elle qui gouvernait ; je répugnais à lui obéir,
et mon père résista long-tems. Cette contra-
riété d'opinions fit naître une guerre domesti-
que qui tourmentait sa vie ; il me conjura les
larmes aux yeux de prendre un parti qu'il
commençait à croire indispensable. Je ne pus
voir mon père malheureux, et je me résolus à
l'être, peut-être même j'espérais de l'être
moins que je ne me l'étais d'abord figuré. Je
crus qu'on se faisait des vertus d'état ; la jeunesse est susceptible de tous les genres de courage ; mais le courage s'épuise, quand il ne
voit point de terme à ses efforts. Il vint un moment où toutes les illusions de l'enthousiasme,
toutes les erreurs de l'imagination firent place
à l'accablante vérité. Alors tous mes appuis
fantastiques tombèrent autour de moi : je re-
gardai et ne vis qu'un désert et le désespoir.
J'étais entouré de malheureux devenus méchans, qui s'épiaient les uns les autres, et
cherchaient à surprendre dans le cœur d'autrui
des plaintes qu'ils étouffaient dans le leur. Je
les pris en exécration; j'évitai toute société
avec eux. J'avais fait, après la mort de ma
mère, de vains efforts pour revenir contre des
vœux qui n'avaient pas été volontaires. Cette

démarche inutile donnait à mes compagnons un funeste avantage, dont l'hypocrisie abuse toujours. L'esclave est volontiers oppresseur. Il ne me restait qu'une vengeance. L'ambition la plus forte de mes semblables est d'attirer des prosélytes; je mis la mienne à les éloigner; je jurai dans mon cœur que tous ceux que j'aurais occasion d'entretenir sauraient de moi les dangers, la honte et les horreurs de la vie monastique. Ces bois sont assez fréquentés : la solitude parle à l'imagination. Il est un âge où il n'en faut pas davantage pour faire naître un délire passager qui produit des maux sans retour. Je ne vous crois pas attaqué de cette démence ; mais, quoi qu'il en soit, regardez cette fatale demeure, et lisez sur le seuil ces mots qu'un poëte italien dit avoir lus sur les portes de l'Enfer : *Vous qui entrez en ce lieu, renoncez à l'espérance.*

J'avais le cœur serré en l'écoutant. Je pris la parole. Votre vie a dû être affreuse, lui dis-je ; mais cependant il me semble, et c'est pour moi une pensée consolante, que les maux n'ont point flétri votre ame. Ce soin que vous prenez d'écarter l'imprudence du piége où elle pourrait tomber, est d'un cœur compâtissant et sensible.

Vous oubliez, reprit-il ; ce que je vous ai

dit, que ce soin n'est qu'une vengeance. Je ne hais que mes compagnons, parce qu'ils m'ont fait du mal : mais je ne puis aimer des hommes qui tolèrent ces institutions barbares. Malheureux depuis que je suis né, à qui dois-je un sentiment de bienveillance ?

Peut-être à celui qui vous plaint.

Lorsqu'on sera venu, la torche à la main, embrâser ces abominables retraites, alors je croirai à la pitié et à la justice.

Mais vous sentez combien d'hommes peuvent vous dire comme moi ; ce n'est pas ma faute si un fanatique a fondé cette maison, et si une mère cruelle vous a forcé d'y entrer.

Ma mère . . .

Il se tut un moment après ce mot, et son regard me fit frémir.

Ma mère ! je l'ai maudite long-tems, lorsque chaque année ramenait le jour où j'ai prononcé mes vœux ; mais je ne la maudis plus.

Vous avez cessé de haïr ?

Il me regarda quelque tems, puis il poursuivit avec un sourire amer : je n'ai rien à vous cacher ; je n'ai rien à craindre : j'ai cru, quand je prononçais ces malédictions, qu'un être juste et vengeur les entendait ; je ne le crois plus.

Je fus frappé de ce mot. Quoi ! vous avez tant

tant souffert dans cette vie, et vous voulez ne rien espérer dans l'autre ?

Il ne dépend pas plus de nous d'adopter des erreurs que de trouver des vérités. Sans doute les idées religieuses sont le charme de l'infortune : elles vaudraient mieux pour moi que ma triste conviction : mais peut-on jetter les yeux sur cet épouvantable cahos de tous les maux et de tous les crimes, et croire que c'est-là l'ouvrage d'un être parfait ? Je regarde tous les hommes comme de faibles parcelles d'une matière périssable, jouets d'une nécessité invincible, tant que durera pour eux ce système qu'ils supposent l'ordre essentiel des choses, et qui n'est qu'une des combinaisons passagères perdue dans les innombrables révolutions de l'éternité. Mon partage a été amer. Il a fallu remplir ma destinée : elle finira.

Ainsi donc, dans votre avenir, il n'est qu'un seul instant qui fixe vos regards ?

Oui, celui qui sera le dernier de mes jours : il vient bien lentement !

Votre franchise, lui dis-je, doit servir d'excuse à la mienne. Il faut que je vous fasse part d'une réflexion. J'ai peine à comprendre, lorsque pour vous l'autre vie est une chimère, et celle-ci un supplice... J'hésitai un moment : achevez, me dit-il. Enfin, repris-je, j'ai peine

B

à concevoir, après tout ce que je viens d'entendre, comment je vous rencontre aujourd'hui vous promenant tranquillement dans ces bois.

Je vous entends. Il a été un tems où j'aurais pu prendre ce parti : alors, je ne l'osai pas : je craignais encore ; je suis parvenu à ne rien craindre : mais quand ma raison a été éclairée, mon ame était abattue. Je n'avais que du désespoir et plus de courage. Je m'abandonnai à l'habitude de souffrir. Il est un âge où l'on ne se défait point de la vie ; elle nous désole sans cesse et nous quitte par degrés, sans que nous ayons la force de la rejetter : c'est la robe de *Nessus* qu'on ne peut emporter que par lambeaux.

Pendant que je l'entretenais ainsi , la nature avait changé de face. L'orage s'approchait de nous sur des nuages amoncelés. La nuit était devenue plus sombre : nous marchions sans dire un mot ; mais, de tems en tems, les éclairs venant frapper sur son visage, répandaient sur ses traits un jour livide qui le rendait plus affreux.

Nous avancions vers le couvent, et nous en étions déja très-proches. Il semblait que la tempête se fût reposée dessus. La foudre grondait à l'entour à coups redoublés.

Je vis le front du solitaire s'éclaircir un moment. Si le feu du ciel, s'écria-t-il, pouvait consumer cette odieuse enceinte et tous les misérables qui l'habitent !

Vous n'y avez donc pas un ami?

Un ami!... Nous nous appelons tous frères, et nous sommes tous esclaves. En me disant ces derniers mots, il entrait dans la demeure qu'il venait de maudire, et la porte se referma sur lui.

Mon ame était profondément triste. Je vis que le malheur, quand il est extrême, finit par rendre le cœur dur, et que les plaintes du désespoir deviennent des blasphêmes. Ce malheureux, qui pouvait trouver dans l'idée d'un Dieu une consolation et un refuge, avait mieux aimé y renoncer pour avoir plus de droit de haïr les hommes.

O Dieu, Être suprême et nécessaire, que j'ignore et que je crois, parce que tout me l'annonce sans que rien me l'explique! tu n'as point créé la beauté pour que l'homme en détournât ses regards. Tu n'as pas déployé devant lui les richesses de la création, pour qu'il habitât des cachots. Tu n'as point mis dans son cœur le besoin d'aimer ses semblables, pour qu'il trompât sans cesse ce besoin si doux, et qu'il jurât de n'aimer rien.

B 2

On a défiguré ton ouvrage avant de nier son auteur ; et l'Athée alors a osé te dire : *Tu ne m'as pas fait*; et le fanatique plus coupable t'a dit : *Tu m'as fait ainsi.*

RÉPONSE

D'UN SOLITAIRE DE LA TRAPPE,

A la Lettre de l'abbé de Rancé.

PRÉFACE DE VOLTAIRE (1).

Un jeune homme plein de vertu, et distingué par de très-beaux ouvrages, est l'auteur de la pièce suivante : c'est une réponse à une de ces épîtres qu'on nomme Héroïdes. Un auteur de mérite s'était diverti à écrire une lettre en vers au nom de l'abbé de Rancé, fondateur de la Trappe, homme autrefois voluptueux ; mais alors se dévouant, lui et ses moines, à une horrible pénitence. Un moine, devenu sage, répond ici à l'abbé de Rancé :

Si jamais on a mis dans tout son jour le fanatisme orgueilleux des fondateurs d'ordre, et la malheureuse démence de ceux qui se font leurs victimes, c'est assurément dans cette pièce. L'auteur nous a paru aussi religieux

___

(1) *Cette préface ayant été imprimée dans toutes les éditions étrangères, on n'a pas cru devoir la supprimer ici.*

B 3

qu'ennemi de la superstition. Il fait voir que pour servir Dieu , il ne faut pas s'ensevelir dans un cloître pour y être inutile à Dieu et aux hommes. Il écrit en adorateur de la Divinité , en zélateur de la patrie. En effet , tant d'hommes , tant de filles, que l'Etat perd tous les ans sans que la religion y gagne , doivent révolter un esprit droit , et faire gémir un cœur sensible.

Cette épître se borne à déplorer le malheur de ces insensés que la séduction enterre dans ces prisons réputées saintes , dans ces tombeaux des vivans , où la folie du moment auquel on a prononcé ses vœux , est punie par des regrets qui empoisonnent la vie entière. Que n'aurait pas dit l'auteur , s'il avait voulu joindre à la description des maux que se font ces énergumènes , le tableau des maux qu'ils ont causés au monde? On prendrait , j'ose le dire, plusieurs d'entr'eux pour des damnés qui se vengent sur le genre humain des tourmens secrets qu'ils éprouvent. Il n'est aucune province de la chrétienté , dans laquelle les moines n'aient contribué aux guerres civiles ou ne les aient excitées : il n'est point d'Etats où l'on n'ait vu couler le sang des magistrats ou des rois , tantôt par les mains mêmes de ces misérables , tantôt par celles qu'ils ont

armées au nom de Dieu. On s'est vu plus
d'une fois obligé de chasser plus d'une de
ces hordes qui osent se dire sacrées. Trois
royaumes qui viennent de vomir les jésuites
de leur sein, donnent un grand exemple au
reste du monde : mais ces royaumes eux-
mêmes ont bien peu profité de l'exemple qu'ils
donnent. Ils chassent les jésuites qui, au
moins, enseignaient gratis la jeunesse, tant
bien que mal, et ils conservent un ramas
d'hommes oisifs, qui ne sont connus que par
leur ignorance et leurs débauches, objet de
l'indignation et du mépris, et qui, s'ils ne
sont pas convaincus de toutes les infamies
qu'on leur attribue, sont assez coupables envers le genre humain, puisqu'ils sont inutiles.

La moitié de l'Europe s'est délivrée de toute
cette vermine; l'autre moitié s'en plaint, et
n'ose la secouer encore. On allègue, pour jus-
tifier cette négligence, qu'il y a des *faquirs*
dans les Indes ; c'est pour cela même que
nous ne devrions point en avoir, puisque nous
sommes plus éclairés aujourd'hui et mieux
policés que les Indiens. Quoi! nous faudra-t-il
consacrer des oignons et des chats, et adorer
ce que nous mangeons, parce que les Egyp-
tiens ont été assez maniaques pour en user
ainsi?

Quoi qu'il en soit, nous invitons le très-petit nombre d'honnêtes gens qui ont du goût, à lire la réponse du moine à l'abbé de Rancé. Puissent de pareils écrits nous consoler quelquefois des vers insipides et barbares dont on farcit les journaux de toute espèce ! puisse le vulgaire même sentir le mérite et l'utilité de l'ouvrage que nous lui présentons !

RÉPONSE

D'UN SOLITAIRE DE LA TRAPPE,

A la Lettre de l'abbé de RANCÉ.

J'AI lu, triste Rancé, ta lamentable Epitre,
Je m'indigne et te plains. De quel droit, de quel titre,
Du poids de tes malheurs as-tu chargé nos jours ?
Ose-tu nous punir de tes folles amours ?
Si ton cœur a brûlé d'une flamme adultère,
Je suis loin de blâmer un remords salutaire.
Je sais que les humains trompés par le desir,
Sont faits pour la faiblesse et pour le repentir.
Mais pourquoi donc viens-tu, despote atrabilaire,
En redoutant un Dieu, t'armer de sa colère,
Pour rejetter sur nous, dans ton sinistre effroi,
Les maux que tu prétends qu'il destinait pour toi ?

    Dans cet austère asyle enfermé jeune encore,
J'appris à respecter ce qu'aujourd'hui j'abhorre.
De mes yeux, mais trop tard, le voile est écarté.
J'ai laissé dans ses droits rentrer l'humanité :
La tombe par mes mains depuis long-temps creusée
Va couvrir les débris de ma vieillesse usée.
Esclave, j'ai long-tems gémi sous ta rigueur ;
Je meurs ; la vérité va sortir de mon cœur.

    Toi qui m'as vu soumis à ton joug inflexible,
Sais-tu quel est mon sort ? Né facile et sensible,
Mon esprit éxalté, dans l'âge de l'erreur,
Reçut avidement ces dogmes de terreur,
Que des mortels, séduits, séducteurs de l'enfance,
Tyrans religieux de la simple innocence,

Imprimaient dans mon cœur de ses craintes troublé :
Par la voix du Très-Haut, je me crus appelé :
Je pensais dans mon sein me sauver d'un abyme ,
Et j'offrais à ce Dieu ma jeunesse en victime.
Mes parens désolés, me serrant dans leurs bras ,
S'efforçaient en pleurant de retenir mes pas ;
Mais je m'applaudissais d'abandonner mon père, (1)
De mépriser les pleurs de la plus tendre mère ;
En leur ôtant l'appui de leurs jours malheureux,
Ingrat , dénaturé , je me crus généreux.
Je vantais à mon Dieu cet affreux sacrifice.
De tant de cruauté, non , Dieu n'est point complice.
Dieu ne m'avait point dit : Esclave infortuné,
Objet de mes fureurs en naissant condamné,
Si tu veux détourner les traits de ma colère ,
Fais toi-même tes maux, bois dans la coupe amère
Des chagrins, des ennuis , du regret dévorant ;
Et deviens ton bourreau pour plaire à ton tyran.
    Ce fol enthousiasme égara ma jeunesse.
Je prononçai mes vœux , plein d'une sainte ivresse ;
Je promis , je jurai de chérir ma prison ;
Des vœux ! ah ! ce seul mot révolte ma raison.
Est-il donc fait pour nous ? Des vœux ! chétive espèce,
Mortel , et que prétend ta superbe faiblesse ?
Chaque instant voit changer nos goûts et nos desirs ;
Nous rencontrons l'ennui même dans les plaisirs ;
Nul ne peut s'assurer d'un sentiment durable ;
Et l'homme ose prétendre au droit d'être immuable !
Il se croit comme un Dieu maître de l'avenir !
Quels sont ces vœux encor ? « Je méprise, j'abjure
» Les vulgaires devoirs qu'inspire la nature ;

---

(1) *Per calcatum perge patrem , per calcatam perge matrem.*

« Ils sont trop vils pour moi , je ne les connais plus.
« Je prétends à mon gré me former des vertus.
« Qu'un autre , s'il le veut, s'honore d'être père ,
« Je ne le serai point : je renonce à la terre :
« Je n'ai plus de parens , et je n'ai plus d'amis ,
« Je vivrai pour le ciel et non pour mon pays. »
Etrange aveuglement ! vanité déplorable !
Animal sot et vain , qui te fais misérable ,
Qui même en t'immolant es toujours orgueilleux ,
Toi qui prétends toujours intéresser les cieux ,
Ah ! connais un peu mieux la divine sagesse.
Crois-tu qu'elle ait reçu ton absurde promesse ?
Va , tu peux l'oublier sans redouter le ciel ,
Il te juge imbécile et non pas criminel ,
Et ne voit rien en toi qu'un esclave en démence ,
Qui croit servir son maître au moment qu'il l'offense.

Mais s'il est indulgent, les humains sont cruels.
Ce joug que l'on s'impose à l'aspect des autels ,
Rien ne peut le briser ; il faut , sans espérance ,
Vieillir dans un ennui nommé persévérance ,
Renfermer dans son sein le regret destructeur ,
Et de ses fers sacrés bénir la pesanteur.
Hélas ! à tant de maux par mon choix condamnée ,
Telle est depuis trente ans ma vie infortunée.
A peine le serment eut enchaîné mon sort ,
Que revenant soudain de mon premier transport ,
Je vis où m'engageait ma promesse fatale :
Mes yeux épouvantés mesuraient l'intervalle
Qu'entre le monde et moi j'avais mis pour toujours ;
Un morne désespoir vint obscurcir mes jours.
Ces aimables desirs , charmes de la jeunesse ;
Ces sentimens si doux dont on chérit l'ivresse ,
Bienfaits que la nature accorde à ses enfans ,
Et les besoins du cœur, plus chers que ceux des sens ,

Devinrent à-la-fois mon crime et mon supplice.
Accablé de ma chaîne, au fond du précipice,
Je demeurai long-tems dans un muet effroi,
Abandonné de tous, malheureux avec moi.
Mon cœur, toujours frappé de ses aveugles craintes,
Comme un forfait nouveau se reprochait ses plaintes ;
Je regardais le ciel sans oser l'implorer.
    Encor près d'un ami si j'avais pu pleurer !
Dans son sein quelquefois si j'avais pu répandre
Ces larmes que mes yeux répandaient sur la cendre !
Hélas ! les criminels au fond de leurs cachots
Ont le triste plaisir de parler de leurs maux ;
Dans le cœur l'un de l'autre ils épanchent leurs peines,
Ils détestent tout haut leurs malheurs et leurs chaînes ;
Dans nos cachots sacrés il faut gémir tout-bas ;
Nos trop justes regrets seraient des attentats ;
Il faut les étouffer : un farouche silence
A banni de ces lieux la douce confidence.
Les pâles compagnons que m'a donné le sort,
Se parlent seulement pour s'annoncer la mort.
On s'évite, on se craint, et chaque solitaire
Sépare ses douleurs de celles de son frère :
En s'ouvrant l'un à l'autre, ils pourraient les calmer ;
Tout malheureux qu'ils sont, ils n'oseraient s'aimer.
    Mais quel est donc le but de ces rigueurs mystiques,
De ces austérités que l'on nomme héroïques ?
Insensé, qui te crois au-dessus des humains,
Pour creuser un tombeau, Dieu forma-t-il tes mains ?
Pour songer à la mort t'a-t-il donné la vie ?
Eh ! songe à des devoirs, sers l'homme et la patrie ;
Ce sont-là les tributs qu'au ciel on doit offrir ;
Apprends, apprends à vivre, et tu sauras mourir.
    Crois-tu charmer le ciel, quand ta voix fanatique
Heurle durant la nuit un barbare cantique,

Tandis qu'autour de toi les humains endormis
Jouissent du repos que Dieu leur a permis ?
Ton plain-chant vaut-il mieux que ton sommeil
      tranquille ?
Dors pour savoir veiller, veille pour être utile.
Ainsi tu sauras plaire au Dieu qui t'a formé.
  Et toi, sexe charmant, comme nous opprimé,
Sexe que j'ai chéri sans connaître tes charmes,
Toi pour qui j'ai versé d'involontaires larmes,
Combien l'humanité doit s'attendrir sur toi!
Quoi ! des mêmes rigueurs vous subissez la loi,
Vous objets si touchans, vous dont la voix si tendre,
Dont l'organe enchanteur ne devait faire entendre
Que l'aveu de l'amour et l'accent des plaisirs,
Vous qu'un Dieu bienfaisant offrit à nos desirs,
Je vous entends gémir dans vos tristes asyles,
Des tyrans en surplis victimes trop dociles.
Ce cilice meurtrit vos membres délicats,
Vous implorez un Dieu qui ne vous venge pas.
La nature se cherche et n'ose se connaître ;
Vos cœurs n'osent parler.... Ah! quelque jour peut-être
Nous reprendrons nos droits indignement ravis.....
Tombeaux où les vivans se sont ensevelis,
Antres du fanatisme où languit l'esclavage,
Où Dieu n'est invoqué que par des cris de rage,
Quand serez-vous détruits ? quand faut-il l'espérer ?
Humains faits pour l'erreur, peut-on vous éclairer ?
  Oh ! depuis que mon cœur, en cette solitude,
De la captivité s'est fait une habitude,
J'ai médité sur l'homme en gémissant sur moi ;
J'ai médité sur Dieu, j'ai recherché sa loi.
Elle est dans tous les cœurs, et le mien croit l'entendre,
Son tribunal m'attend, la tombe attend ma cendre ;
Si le remords m'accuse aux pieds du tout-puissant,

C'est de m'être imposé le joug avilissant,
Fait pour outrager l'homme et le Dieu qu'il croit suivre;
D'avoir perdu le droit de jouir et de vivre.
Quand nos frères, la nuit rassemblés dans le chœur,
Prolongent de leurs chants la pieuse langueur,
Je dis ; loin de me joindre à leur concert bisarre,
O Dieu, pardonne-moi de t'avoir cru barbare!
   Pour toi, qui dans ces lieux, plein d'un sombre
       transport,
Apportas l'épouvante et le deuil et la mort,
Toi qui creusas le piége ouvert à la faiblesse,
Va, ce Dieu dont tu crains l'équité vengeresse,
Que tu voulus servir, et méconnus toujours,
Punira tes fureurs bien plus que tes amours.

   Mais j'entends de l'airain le lugubre murmure....
Il faut aller encor fouiller ma sépulture.
Puissé-je m'y traîner pour la dernière fois!
Je t'obéis encore en détestant tes lois.
Il le faut; mais hélas! si trente ans de misère,
Mes pleurs, mes cheveux blancs souillés dans la
       poussière,
Si les gémissemens d'un cœur né vertueux,
Obtenaient du très-haut, attendri par mes vœux,
Que l'homme dégagé d'un indigne esclavage,
Ne lui présentât plus qu'un libre et pur hommage,
Avec ce doux espoir en son sein rappelé,
Dans ma tombe aujourd'hui j'entrerais consolé.

BADINAGE PHILOSOPHIQUE,

Adressé par M. DE LAHARPE

A M. DE VOLTAIRE,

Le jour de sa fête.

FRANÇOIS D'ASSISE fut un gueux
Et fondateur de gueuserie,
Et ses disciples n'ont pour eux
Que la crasse et l'hypocrisie.
François qui de Sale eut le nom,
Trichait au piquet, nous dit-on ;
D'un saint zèle il sentit les flâmes,
Et vainquit celles de la chair ,
Convertit quatre-vingts mille âmes
Dans un pays presque désert.
Ces pieux fous que l'on admire ,
Je les donne au diable tous deux (1),
Et je ne place dans les cieux
Que le François qui fit ALZIRE.

---

(1) M. de Laharpe, dans son énumération, a ou-
blié François de Paule , et n'a pas eu l'exactitude de
Voltaire dans sa petite pièce intitulée : *Les trois
Bernard.*

EXTRAIT

DE L'ÉMILE

DU PHILOSOPHE DE GENÈVE,

Où l'on a rassemblé différens passages qui prouvent que ce philosophe n'avait pas moins de respect pour la Religion, que d'aversion pour le Fanatisme.

ÉLOGE DE L'ÉVANGILE, ET DE LA PURETÉ DE SA MORALE.

JÉSUS-CHRIST MIS EN PARALLÈLE AVEC SOCRATE.

JE vous avoue que la majesté des Ecritures m'étonne, et que la sainteté de l'Evangile parle à mon cœur. Voyez les livres des philosophes avec toute leur pompe ; qu'ils sont petits auprès de celui-là ! (1) Se peut-il qu'un

_____

(1) On a cité souvent ce beau morceau du Philosophe de Genève ; mais on ne saurait trop reproduire ce magnifique éloge de l'Evangile et du Législateur des chrétiens, fait dans le 18e. siècle, non par un prêtre ni par un dévot, mais par un homme que sa philosophie a rendu célèbre, et à qui, même à l'é-

livre à-la-fois si sublime et si simple, soit l'ouvrage des hommes ? Se peut-il que celui dont
il fait l'histoire , ne soit qu'un homme lui-
même ? Est-ce là le ton d'un enthousiaste ou
d'un ambitieux sectaire ? Quelle douceur ,
quelle pureté dans ses mœurs ! Quelle grace
touchante dans ses instructions ! Quelle élévation dans ses maximes ! quelle profonde sagesse dans ses discours ! quelle présence d'esprit ! quelle finesse et quelle justesse dans ses
réponses ! Quel empire sur ses passions ! Où
est l'homme , où est le sage qui sait agir ,
souffrir et mourir sans faiblesse et sans ostentation ? Quand Platon peint son juste imaginaire couvert de tout l'opprobre du crime ,
et digne de tous les prix de la vertu , il peint
Jésus trait pour trait. La ressemblance est si
frappante que tous les Pères l'ont sentie , et
qu'il n'est pas possible de s'y tromper. Quels
préjugés , quel aveuglement ne faut-il pas

---

poque de la révolution , la France a fait élever des
statues. Voyez comme il est pénétré de respect pour
cette morale divine, si bien pratiquée dans le chris-
tianisme des premiers âges , et qui a été depuis si
honteusement abandonnée par ceux-mêmes qui avaient
le plus d'intérêt à maintenir l'honneur de cette Religion si pure dans sa source.

avoir pour comparer le fils de Sophronisque au fils de Marie ! Quelle distance de l'un à l'autre ! Socrate mourant sans douleur, sans ignominie, soutint aisément jusqu'au bout son personnage, et si cette facile mort n'eût honoré sa vie, on douterait si Socrate, avec tout son esprit, fût autre chose qu'un sophiste. Il inventa, dit-on, la morale. D'autres, avant lui, l'avaient mise en pratique ; il ne fit que dire ce qu'ils avaient fait, il ne fit que mettre en leçon leurs exemples. Aristide avait été juste avant que Socrate eût dit ce que c'était que justice. Léonidas était mort pour son pays, avant que Socrate eût fait un devoir d'aimer la patrie. Sparte était sobre avant que Socrate eût loué la sobriété ; avant qu'il eût défini la vertu, la Grèce abondait en hommes vertueux. Mais, où Jésus avait-il pris chez les siens cette morale élevée et pure dont lui seul a donné les leçons et l'exemple ? Du sein du plus furieux fanatisme, la plus haute sagesse se fit entendre, et la simplicité des plus héroïques vertus honora le plus vil de tous les peuples. La mort de Socrate, philosophant tranquillement avec ses amis, est la plus douce qu'on puisse desirer ; celle de Jésus expirant dans les tourmens, injurié, raillé, maudit de tout un peuple, est la plus horrible qu'on puisse craindre.

Socrate prenant la coupe empoisonnée, bénit celui qui la lui présente et qui pleure; Jésus, au milieu d'un supplice affreux, prie pour ses bourreaux acharnés. Oui, si la vie et la mort de Socrate sont d'un sage, la vie et la mort de Jésus sont d'un Dieu (1).

PORTRAIT D'UN PRÊTRE HONNÊTE HOMME, ET VRAIMENT CHRÉTIEN.

J'AI long-tems ambitionné l'honneur d'être curé; je l'ambitionne encore, mais je ne l'espère plus. — Un bon curé est un ministre de bonté, comme un bon magistrat est un ministre de justice. Un curé n'a jamais de mal à faire; s'il ne peut pas toujours faire le bien par lui-même, il est toujours à sa place quand il le sollicite, et souvent il

_____

(1) Peut-être Rousseau passe-t-il ici les bornes de la véritable éloquence pour tomber dans la déclamation : en disant que Socrate est mort en sage et Jésus en Dieu, il me semble qu'il affaiblit, contre son intention, ou même qu'il anéantit tout l'intérêt que la mort de Jésus peut inspirer. Dès que je le suppose impassible, mon cœur cesse d'être ému, et mes yeux n'ont plus de larmes à lui donner. C'est sur Socrate que je pleure, précisément parce qu'il n'est mort qu'en homme, et non en Dieu.

l'obtient quand il sait se faire respecter. O !
si jamais dans nos montagnes j'avais quelque pauvre cure de bonnes gens à desservir ,
je serais heureux, car il me semble que je
ferais le bonheur de mes paroissiens ! Je ne
les rendrais pas riches , mais je partagerais
leur pauvreté ; j'en ôterais la flétrissure et le
mépris , plus insupportables que l'indigence.
Je leur ferais aimer la concorde et l'égalité
qui chassent souvent la misère et la font toujours supporter. Quand ils verraient que je ne
serais en rien mieux qu'eux, et que pourtant
je vivrais content, ils apprendraient à se consoler de leur sort , et à vivre contents comme
moi. Dans mes instructions , je m'attacherais
moins à l'esprit de l'église qu'à l'esprit de
l'évangile , où le dogme est simple et la morale sublime , où l'on voit peu de pratiques
religieuses , et beaucoup d'œuvres de charité.
Avant de leur enseigner ce qu'il faut faire ,
je m'efforcerais toujours de le pratiquer, afin
qu'ils vissent bien que tout ce que je leur dis,
je le pense. Si j'avais des protestans dans mon
voisinage ou dans ma paroisse , je ne les dis-
tinguerais point de mes vrais paroissiens en
tout ce qui tient à la charité chrétienne ; je
les porterais tous également à s'entr'aimer, à

se regarder comme frères , à respecter toutes les religions , et à vivre en paix chacun dans la sienne. Je pense que solliciter quelqu'un de quitter celle où il est né , c'est le solliciter de mal faire , et par conséquent faire mal soi-même. En attendant de plus grandes lumières, gardons l'ordre public ; dans tous les pays , respectons les lois , ne troublons point le culte qu'elles prescrivent , ne portons point les ci-toyens à la désobéissance ; car nous ne savons point certainement si c'est un bien pour eux de quitter leurs opinions pour d'autres , et nous savons très - certainement que c'est un mal de désobéir aux lois.

CONSEILS DONNÉS A UN JEUNE HOMME , PAR CE RESPECTABLE PRÊTRE.

MON fils , tenez votre ame en état de desi-rer toujours qu'il y ait un Dieu , et vous n'en douterez jamais. Au surplus, quelque parti que vous puissiez prendre , songez que les vrais devoirs de la religion sont indépen-dans des institutions des hommes ; qu'un cœur juste est le vrai temple de la divinité ; qu'en tout pays et dans toute secte , aimer Dieu par-dessus tout et son prochain comme soi-même, est le sommaire de la loi ; qu'il n'y

a point de religion qui dispense des devoirs
de la morale ; qu'il n'y a de vraiment essen-
tiels que ceux-là ; que le culte intérieur est le
premier de ces devoirs, et que sans la foi,
nulle véritable vertu n'existe.

Fuyez ceux qui, sous prétexte d'expliquer
la nature, sement dans le cœur des hommes
de désolantes doctrines, et dont le scepti-
cisme apparent est cent fois plus affirmatif et
plus dogmatique que le ton décidé de leurs
adversaires. Sous le hautain prétexte qu'eux
seuls sont éclairés, vrais, de bonne foi, ils
nous soumettent impérieusement à leurs déci-
sions tranchantes, et prétendent nous donner,
pour les vrais principes des choses, les inintel-
ligibles systèmes qu'ils ont bâtis dans leur imagination. Du reste, renversant, détruisant,
foulant aux pieds tout ce que les hommes res-
pectent, ils ôtent aux affligés la dernière consolation de leur misère, aux puissans et aux
riches le seul frein de leurs passions ; arrachent
du fond des cœurs le remords du crime, l'espoir de la vertu, et se vantent encore d'être
les bienfaiteurs du genre humain. Jamais, di-
sent-ils, la vérité n'est nuisible aux hommes :
je le crois comme eux, et c'est, à mon avis,
une grande preuve que ce qu'ils enseignent
n'est pas la vérité.

DES DOGMES QUI ONT UN RAPPORT ESSENTIEL AVEC LA MORALE , ET DE CEUX QUI N'ONT AVEC ELLE AUCUNE ESPÈCE DE RAPPORT.

Si nos dogmes sont tous de la même vérité, tous ne sont pas pour cela de la même importance. Il est fort indifférent à la gloire de Dieu , qu'elle nous soit connue en toutes choses; mais il importe à la société humaine et à chacun de ses membres, que tout homme connaisse et remplisse les devoirs que lui impose la loi de Dieu envers son prochain et envers soi-même. Voilà ce que nous devons incessamment nous enseigner les uns aux autres, et voilà sur-tout de quoi les pères et les mères sont tenus d'instruire leurs enfans. ---- Ce qui m'intéresse moi et tous mes semblables , c'est que chacun sache qu'il existe un arbitre du sort des humains, duquel nous sommes tous les enfans , qui nous prescrit à tous d'être justes , de nous aimer les uns les autres, d'être bienfaisans et miséricordieux, de tenir nos engagemens envers tout le monde , même envers nos ennemis et les siens ; que l'apparent bonheur de cette vie n'est rien; qu'il en est une autre après elle , dans laquelle cet être suprême sera

le rémunérateur des bons et le juge des méchans. Ces dogmes et les dogmes semblables
sont ceux qu'il importe d'enseigner à la jeunesse et de persuader à tous les citoyens. Quiconque les combat mérite châtiment , sans
doute ; (1) il est le perturbateur de l'ordre et
l'énnemi de la société. Quiconque les passe ,
et veut nous asservir à ses opinions particulières , vient au même point par une route op-
posée ; pour établir l'ordre à sa manière , il
trouble la paix ; dans son téméraire orgueil il
se rend l'interprête de la Divinité , il exige
en son nom les hommages et les respects des
hommes , il se fait Dieu tant qu'il peut à sa
place : on devrait le punir comme sacrilège ,
quand on ne le punirait point comme into-
lérant.

_____

(1) Le Philosophe de Genève ne va pas trop loin.
Quelque latitude qu'un gouvernement sage doive ac-
corder à la liberté de penser et de manifester sa
pensée, il peut néanmoins défendre d'attaquer les
dogmes fondamentaux d'une vie à venir et d'un
Dieu rémunérateur et vengeur, parce que ces dogmes sont la base de l'ordre social et de la tranquil-
lité publique. Il peut aussi , il doit même réprimer
sévèrement quiconque se permettrait de troubler, par
quelqu'indécence ou par quelque insulte , l'exercice
des cultes qu'il autorise ou qu'il tolère , et qui doivent tous être sous la protection des Lois.

Négliger

Négligez donc tous ces dogmes mystérieux, qui ne sont pour nous que des mots sans idées, toutes ces doctrines bisarres dont la vaine étude tient lieu de vertus à ceux qui s'y livrent, et sert plutôt à les rendre fous que bons. Maintenez toujours vos enfans dans le cercle étroit des dogmes qui tiennent à la morale. Persuadez-leur bien qu'il n'y a rien pour nous d'utile à savoir que ce qui nous apprend à bien faire.-- Ne leur apprenez des choses du ciel que ce qui sert à la sagesse humaine : accoutumez-les à se sentir toujours sous les yeux de Dieu, à l'avoir pour témoin de leurs actions, de leurs pensées, de leur vertu, de leurs plaisirs ; à faire le bien sans ostentation, parce qu'ils l'aiment ; à souffrir le mal sans murmure, parce qu'il les en dédommagera ; à être enfin, tous les jours de leur vie, ce qu'ils seront bien aises d'avoir été lorsqu'ils comparaîtront devant lui. Voilà la véritable religion, voilà la seule qui n'est susceptible ni d'abus, ni d'impiété, ni de fanatisme.

EXTRAIT D'UNE LETTRE TRÈS-CURIEUSE
DE M. DE LAHARPE, INSÉRÉE DANS LA
CHRONIQUE DE PARIS LE 15 MAI 1791.

On revient toujours avec un nouveau plaisir
au bon tems de M. de Laharpe. Quelques
personnes, jalouses du grand nom de Voltaire,
avaient tenté de s'opposer à la translation de
son corps au Panthéon. Voyez avec quelle sur-
abondance de philosophie, avec qu'elle énergie républicaine, et sur-tout avec quelle noble
indignation M. de Laharpe s'élève, dans cette
lettre éloquente, contre tous les préjugés ! Jamais il ne prouva mieux combien il était pénétré d'amour et de respect pour la révolution.
Observez qu'alors il avait tout au plus cinquante ans ; que c'est l'âge de la parfaite maturité, l'âge où la raison, loin de commencer
à s'affaiblir, est encore dans sa plus grande
force, et jugez si l'on doit être étonné de son
retour brillant vers la philosophie.

. . . . . Allons au fait, dit-il. Avec du
bon sens et de la bonne foi , il est impossible
de nier que, de tous les hommes qui ont écrit,
Voltaire est celui qui a eu l'influence la plus
marquée, la plus puissante, la plus générale
sur l'esprit public et sur l'opinion ; que cette
influence, il l'a dirigée pendant 50 ans contre

les erreurs et les préjugés de toute espèce , et particulièrement contre les trois grands fléaux de l'humanité , la superstition qui transforme l'homme en bête , le fanatisme qui en fait une bête féroce , le despotisme qui en fait une bête de somme. Les dévots, et sur-tout les hypocrites objecteront qu'il a écrit contre la religion chrétienne : le reproche avait sa valeur dans l'ancien régime ; mais aujourd'hui que la liberté des opinions religieuses est reconnue loi de l'état, je réponds que si Voltaire n'a pas été bon chrétien , cette affaire n'est pas de ce monde ; elle n'est pas de notre ressort, elle doit rester entre Dieu et lui. Les dévots peuvent croire que Dieu l'a damné; moi je crois en mon ame et conscience qu'il lui a fait miséricorde ; mais encore une fois tout cela ne nous regarde pas. Il s'agit de la chose publique , des services qu'il lui a rendus , et de l'hommage qu'à ce titre il a pu mériter. Je répéterai ce que j'ai dit ailleurs ; qu'il est le premier *qui ait affranchi l'esprit humain , et rendu la raison populaire ;* et sans ces deux préliminaires indispensables , ouvrage de Voltaire et du temps , nous n'avions pas de révolution. Comment ne sent-on pas que toutes les servitudes se tiennent ; que la première est celle de l'esprit qui prépare les autres ; que l'on n'enchaîne les bras de vingt millions d'hommes, qu'en enchaînant leur pensée ; que le libérateur de la pensée est donc le premier des libérateurs ; et qui peut douter que ce n'ait été Voltaire ? Il a pris pendant 50 ans tous les tons et toutes les formes, depuis l'épopée et la tragédie jusqu'à la farce, depuis la philosophie jusqu'aux romans, pour apprendre aux hommes à voir, à juger, à examiner par eux-mêmes. Il s'est fait lire dans les boutiques et dans les atteliers, comme dans les conseils des rois. Plusieurs souverains de l'Europe ont mis en pratique ses maximes, et l'ont avoué publiquement. Tout ce qui existe aujourd'hui en France a appris à lire et à penser dans ses ouvrages ; et dans ces ouvrages si nombreux et si agréables, toujours les tyrans de toute espèce sont odieux ou ridicules.

Des forcénés qui servent aujourd'hui la liberté, comme nos théologiens servaient la religion, c'est-à-dire, de manière à la décrier et à lui nuire, nous ont répété si impérativement : *si vous voulez être libres, soyez, surtout, in* rats. Nous ne pourrions pas mieux nous conformer à cette belle leçon, qu'en refusant à Voltaire les honneurs qui lui sont dus ; mais je ne puis penser que la nation, éclairée

comme elle l'est, se déshonore par une telle ingratitude. Je crois bien que dans une partie de
l'assemblée nationale , ceux qui détestent
Voltaire, le premier moteur d'une révolution
qu'ils détestent encore plus , élèveront leur
voix contre lui : mais ce n'est qu'une raison
de plus pour que les bons patriotes , attachés
à la révolution et à la constitution, se réu-
nissent en force, pour honorer celui à qui nous
en sommes redevables. Ce devoir est d'autant
plus sacré que nous avons à réparer envers lui
et envers nous. La nation et lui furent cruel-
lement outragés, lorsqu'à la mort de Voltaire,
les prêtres lui réfusèrent la sépulture. Nous
étions alors un peuple d'esclaves ; nous agirons
aujourd'hui en hommes libres.

Je conclus (et 100000 citoyens de la capi-
tale signeront mes conclusions) , à ce qu'en
vertu du décret qui sera rendu par nos repré-
sentans , le bataillon des Quatre-Nations et
des députés de la section (à cause du *quai
Voltaire*, où il est mort) , aillent au devant de
lui jusqu'à l'entrée de Paris ; que son corps
porté sur un char , la tête couverte d'une cou-
ronne civique , entouré de lauriers , soit dé-
posé sur l'autel de la fédération , et de-là trans-
porté à Sainte Geneviève , auprès de notre

Mirabeau ; et quoique je ne sois pas avocat ,
je persiste dans mes conclusions.

12 *mai* 1791. *Signé* , DE LAHARPE.

Après un si beau morceau , pourrions-nous
nous résoudre à quitter M. de Laharpe ,
sans rassembler encore quelques preuves de son
zèle pour cette philosophie qu'on l'accusait
d'avoir abandonnée ?

« Nous n'avons encore dans notre langue,
dit-il , *page* 108 du quatrième volume de ses
» œuvres, qu'un seul ouvrage que l'on puisse
» comparer à l'*Orlando* de l'Arioste , (*la*
» *Pucelle*) et cet ouvrage est sorti de la même
» tête qui a conçu le plan de Zaïre. »

Dans la réponse qu'il fit en 1773 , à M. de
Voltaire , sous le nom d'Horace , remarquez
ces vers :

Français, Grecs ou Romains , ici chacun t'admire ,
A l'Elysée en pleurs Racine a lu Zaïre.
Corneille a cru revivre en écoutant Brutus.
Sophocle et Cicéron , embellis et vaincus,
Se retrouvent plus grands sous ton pinceau tragique;
Et ta Jeanne a charmé le chantre d'Angélique.

Voyez combien il aimait cette Jeanne, et le
rapprochement singulier qu'il en fait avec
Zaïre !

Voyez encore *tome* 2 , de ses œuvres, *page* 35 , combien il soupirait pour le triomphe complet de la philosophie : ce sont encore des vers :

Dès que l'on n'est ni sot, ni lâche , ni crédule ,
On est donc philosophe ? hélas ! en vérité ,
Ce titre à plus haut prix devrait être acheté.
Mais parlons sans détour. Des charlatans de place
On respecte un peu moins la trompeuse grimace ;
Et de l'homme peureux , du grand jour effrayé ,
La paupière du moins est ouverte à moitié.
Vous craignez qu'il n'apprenne à l'ouvrir toute entière,
Que ses yeux affermis ne souffrent la lumière ,
Allez, rassurez-vous , ce moment est bien loin ,
Et s'il doit arriver , vous prenez trop de soin.
Rarement la raison fait un pas en arrière.
Sans doute quelque jour achevant sa carrière ,
Elle verra le terme où tendent tous ses pas ;
Ce jour sera fort beau, mais nous n'y serons pas.

Et l'on a pu croire que le poëte philosophe qui formait de pareils vœux, était tombé tout-à-coup , de cette élévation de génie , dans le délire (1) le plus humiliant ! Une métamorphose si étrange serait une espèce de miracle ; et c'est à notre avis , bien injustement qu'un homme de beaucoup d'esprit ne désignait plus ,

---

(1) Le délire de la superstition qui transforme l'homme en bête, comme le dit M. de Laharpe dans la Lettre qu'on vient de lire.

depuis quelques années , l'auteur de Mélanie que sous le nom de *feu M. de Laharpe*. En nous rendant cette pièce éminemment philosophique , M. de Laharpe ne vient-il pas de prouver non-seulement qu'il vit encore , mais qu'il est toujours animé du même esprit? En vain des méchans , pour affaiblir l'impression qu'a du faire dans tout Paris cette résurrection brillante, affecteront de n'y voir qu'une convalescence de cerveau ; nous qui malgré les apparences , et quoi qu'en aient pu dire ses ennemis , n'avons jamais douté de la parfaite santé de M. de Laharpe , nous nous bornons à lui en souhaiter bien sincèrement la continuation.

LES SYSTÈMES. (*)

EXTRAIT DES MÉLANGES DE POESIES DE VOLTAIRE.

LORSQUE le seul puissant, le seul grand, le seul sage
De ce monde, en six jours, eut achevé l'ouvrage,
Et qu'il eut arrangé tous les célestes corps,
De sa vaste machine il cacha les ressorts
Et mit sur la nature un voile impénétrable.

J'ai lu chez un rabbin que cet être ineffable,
Un jour devant son trône assembla nos docteurs,
Fiers enfans du sophisme, éternels disputeurs ;
Le bon Thomas d'Aquin (1), Scot (2) et Bonaven-
    ture (3),
Et jusqu'au Provençal élève d'Épicure (4),
Et ce maître René, qu'on oublie aujourd'hui (5),
Grand fou persécuté par de plus fous que lui,
Et tous ces beaux esprits dont le savant caprice
D'un monde imaginaire a bâti l'édifice.

« Çà, mes amis, dit Dieu, devinez mon secret :
» Dites-moi qui je suis et comment je suis fait ;
» Et dans un supplément, dites-moi qui vous êtes :
» Quelle force, en tout sens, fait courir les comètes ?
» Et pourquoi dans ce globe, un destin trop fatal,

(*) Aucun ouvrage de Voltaire ne nous a paru plus propre à disposer les esprits à la tolérance, et à calmer les haines d'opinion, que cette pièce à la fois très-gaie, et d'une philosophie très-saine. C'est ce qui nous a déterminé à la placer dans ce Recueil que nous avons tâché de varier de la manière la plus piquante, en mêlant toujours l'utile à l'agréable. Personne n'est plus en état de juger que M. de La-harpe, à qui nous en avons fait hommage, si nous avons rempli ou non le précepte d'Horace.

» Pour une once de bien mit cent quintaux de mal.

» Je sais que , grace aux soins des plus nobles génies,

» Des prix sont proposés par les académies :

» J'en donnerai. Quiconque approchera du but ,

» Aura beaucoup d'argent , et fera son salut. »

Il dit : Thomas se lève à l'auguste parole,

Thomas le jacobin, l'ange de notre école,

Qui de cent argumens se tira toujours bien ,

Et répondit à tout sans se douter de rien.

« Vous êtes , lui dit-il , l'existence et l'essence (6),

» Simple avec attribut, acte pur et substance ,

» Dans les tems , hors des tems , fin , principe et

   » milieu ,

» Toujours présent par-tout, sans être en aucun lieu.

L'Éternel , à ces mots , qu'un bachelier admire ,

Dit : courage , Thomas ! et se mit à sourire.

Descartes prit sa place avec quelque fracas,

Cherchant un tourbillon qu'il ne rencontrait pas ,

Et le front tout poudreux de matière subtile ,

N'ayant jamais rien lu , pas même l'Evangile :

« Seigneur, dit-il à Dieu, ce bon homme Thomas

» Du rêveur Aristote a trop suivi les pas.

» Voici mon argument, qui me semble invincible.

» Pour être , c'est assez que vous soyez possible (7).

» Quant à notre Univers, il est fort imposant ;

» Mais quand il vous plaira, j'en ferai tout autant (8).

» Et je puis vous former d'un morceau de matière ,

» Elémens, animaux , tourbillons et lumière ,

» Lorsque du mouvement je saurai mieux les lois. »

Dieu sourit de pitié pour la seconde fois.

L'incertain Gassendi, ce bon prêtre de Digne ,

Ne pouvait du Breton souffrir l'audace insigne ,

Et proposait à Dieu ses atômes crochus (9),

Quoique passés de mode et dès long-tems déchus ;

Mais il ne disait rien sur l'essence suprême.

Alors un petit juif, au long nez , au teint blême ,
Pauvre, mais satisfait, pensif et retiré,
Esprit subtil et creux, moins lu que célébré ,
Caché sous le manteau de Descartes son maître,
Marchant à pas comptés, s'approcha du grand Être.
« Pardonnez-moi , dit-il , en lui parlant tout-bas,
» Mais je pense, entre nous,que vous n'existez pas (10).
» Je crois l'avoir prouvé par mes mathématiques,
» J'ai de plats écoliers, et de mauvais critiques,
» Jugez-nous.... A ces mots, tout le globe trembla ;
Et d'horreur et d'effroi Saint-Thomas recula.
Mais Dieu, clément et bon, plaignant cet infidelle ,
Ordonna seulement qu'on purgeât sa cervelle.
Ne pouvant désormais composer pour le prix ,
Il partit, escorté de quelques beaux esprits.
    Nos docteurs, qui voyaient avec quelle indulgence
Dieu daignait compâtir à tant d'extravagance,
Etalèrent bientôt cent belles visions,
De leur esprit pointu nobles inventions :
Ils parlaient, disputaient, et criaient tous ensemble.
Ainsi, lorsqu'à dîner un amateur rassemble
Quinze ou vingt raisonneurs, auteurs, commentateurs,
Rimeurs , compilateurs, chansonneurs, traducteurs,
La maison retentir des cris de la cohue ;
Les passans ébahis s'arrêtent dans la rue.
    D'un air persuadé Malebranche assura
Qu'il faut parler au Verbe et qu'il nous répondra (11)
Arnaud dit que de Dieu la bonté souveraine,
Exprès pour nous damner forma la race humaine (12).
Leibnitz avertissait le turc et le chrétien
Que sans son harmonie on ne comprendra rien (13);
Que Dieu, le monde et nous, tout n'est rien sans
    monades.
    Le courrier des Lapons , dans ses turlupinades (14);

Veut qu'on aille au détroit où vogua Magellan,
Pour se former l'esprit, disséquer un géant.
Notre consul Maillet (15), non pas consul de Rome,
Sait comment ici bas naquit le premier homme.
D'abord il fut poisson. De ce pauvre animal
Le berceau très-changeant fut du plus fin crystal;
Et les mers des Chinois sont encore étonnées
D'avoir, par leurs courans, formé les Pyrénées.
Chacun fit son système; et leurs doctes leçons
Semblaient partir tout droit des Petites-Maisons.

Dieu ne se fâcha point; c'est le meilleur des pères;
Et sans nous engourdir par des lois trop austères,
Il veut que ses enfans, ces petits libertins,
S'amusent en jouant de l'œuvre de ses mains.
Il renvoya le prix à la prochaine année :
Mais il vous fit partir, dès la même journée,
Son ange Gabriel, ambassadeur de paix,
Tout pétri d'indulgence et porteur de bienfaits.

Le ministre emplumé vola dans vingt provinces;
Il visita des saints, des papes et des princes,
De braves cardinaux et des inquisiteurs
Dans le siècle passé dévots persécuteurs.
« Messieurs, leur dit-il, le Bon-Dieu vous ordonne
» De vous bien divertir sans molester personne.
» Il a su qu'en ce monde on voit certains savans
» Qui sont, ainsi que vous, de fieffés ignorans :
» Ils n'ont ni volonté, ni puissance de nuire :
» Pour penser de travers, hélas ! faut-il les cuire ?
» Un livre, croyez-moi, n'est pas fort dangereux;
» Et votre signature est plus funeste qu'eux.
» En Sorbonne, aux charniers, tout se mêle d'é-
        crire :
» Imitez le bon-Dieu qui n'en a fait que rire.

N O T E S.

(1) Saint Thomas d'Aquin, surnommé l'Ange de l'école.

Nous n'avons de Saint-Thomas-d'Aquin que dix-sept gros volumes bien avérés ; mais nous en avons vingt et un d'Albert ; aussi celui-ci a-t-il été surnommé *le Grand.*

(2) Scot, surnommé le docteur subtil et fameux rival de Thomas ; c'est lui qu'on a cru, mal-à-propos, l'instituteur du dogme de l'Immaculée conception : mais il fut le plus intrépide défenseur de l'universel de la part de la chose.

(3) Bonaventure. —– Nous avons de Saint Bonaventure, le Miroir de l'âme, l'Itinéraire de l'esprit à Dieu, la Diète du salut, le Rossignol de la passion, le Bois de vie, l'Aiguillon de l'amour, les Flâmes de l'amour, l'Art d'aimer, les vingt-cinq Mémoires, les quatre Vertus cardinales, les sept Chemins de l'éternité, les six-ailes des Chérubins, les six ailes des Séraphins, les cinq Fêtes de l'Enfant Jésus, etc.

(4) *Provençal, élève d'Epicure.*

Gassendi qui ressuscita pendant quelque tems

le système d'Épicure. En effet, il ne s'éloigne pas de penser que l'homme a trois ames : la végétative qui fait circuler toutes les liqueurs ; la sensitive qui reçoit toutes les impressions ; et la raisonnable qui loge dans la poitrine : mais aussi il avoua l'ignorance éternelle de l'homme sur les premiers principes des choses ; et c'est beaucoup pour un philosophe.

(5) *Et ce maître René*, etc.

Descartes était le contraire de Gassendi : celui-ci cherchait, et l'autre croyait avoir trouvé. On sait assez que toute la philosophie de Descartes n'est qu'un roman mal tissu qu'on ne se donne plus la peine ni de réfuter, ni d'examiner. Quel homme aujourd'hui perd son tems à rechercher, comment des dés tournant sur eux-mêmes dans le plein, ont produit des soleils, des planètes, des terres et des mers ? Les partisans de ces chimères les appellaient les *hautes sciences* ; ils se moquaient d'Aristote, et ils disaient : nous avons de la méthode. On peut comparer le système de Descartes à celui de Lass; tous deux étaient fondés sur la synthèse. Descartes vint dans un tems où la raison humaine était égarée. Lass se mit à philosopher en France, lorsque l'argent du royaume était plus égaré encore. Tous deux élevèrent leur édifice sur des vessies. Les tourbillons de Descartes durèrent une quarantaine d'années ; ceux de Lass ne subsistèrent que dix-huit mois. On est plutôt détrompé en arithmétique qu'en philosophie.

(6) *L'existence et l'essence.*

Ce sont les propres paroles de St. Thomas-d'Aquin. D'ailleurs , toute la partie métaphysique de sa Somme est fondée sur la métaphysique d'Aristote.

(7) Pour être , *c'est assez que vous soyez possible.*

Voici , ce me semble, le défaut de cet argument ingénieux de Descartes. Je conclus l'existence de l'Etre nécessaire et éternel , de ce que j'ai apperçu clairement que quelque chose existe nécessairement et de toute éternité; sans quoi il y aurait quelque chose qui aurait été produit du néant et sans cause , ce qui est absurde : donc un être a existé toujours nécessairement et de lui-même. J'ai donc conclu son existence de l'impossibilité qu'il ne soit pas , et non de la possibilité qu'il soit. Cela est délicat , et devient plus délicat encore quand on ose sonder la nature de cet Être éternel et nécessaire. Il faut avouer que tous ces raisonnemens abstraits sont assez inutiles , puisque la plupart des têtes ne les comprennent pas. Il serait assurément d'une horrible injustice et d'un énorme ridicule , de faire dépendre le bonheur et le malheur éternel du genre humain, de quelques argumens que les neuf dixièmes des hommes ne sont pas en état de comprendre. C'est à quoi ne prennent pas garde tant de scolastiques orgueilleux et peu sensés qui osent enseigner et menacer. Quand un philosophe serait le maître du monde , encore devrait-il proposer ses questions modestement ; c'est ainsi qu'en usait Marc-Aurele et même Julien.

(8) . . . . . *J'en ferai tout autant.*

«Donnez-moi de la matière et du mouvement, et je ferai un monde. » Ces paroles de Descartes sont un peu téméraires ; elles n'auraient pas été permises à Platon. Passe qu'Archimède ait dit: Donnez-moi un point fixe dans le ciel , et j'enleverai la terre : il ne s'agissait plus que de trouver le levier ; mais qu'avec de la matière et du mouvement , on fasse des organes sentans et des têtes pensantes, sitôt que Dieu y aura mis une ame, cela est bien fort. Je doute même que Descartes et le père Mersenne, ensemble, eûssent pu donner à la matière la gravitation vers un centre. Après tout, Descartes avait de la matière et du mouvement; nous n'en manquons pas. Que ne travaillait-il? Que ne faisait-il un petit automate de monde? Avouons que dans toutes ces imaginations, on ne voit que des enfans qui se jouent.

(9) . . . . *Ses atômes crochus.*

Démocrite, Epicure et Lucrèce, avec leurs atômes déclinans dans le vuide, étaient pour le moins aussi enfans que Descartes avec ses tourbillons déclinant dans le plein; et l'on ne peut que déplorer la perte d'un tems précieux employé à étudier sérieusement ces fadaises, par des hommes qui auraient pu être utiles.

Où est l'homme de bon sens qui ait jamais conçu clairement que des atômes se soient assemblés pour aller en ligne droite, et pour se détourner ensuite à gauche; moyennant quoi ils ont produit des astres, des animaux, des pensées? Pourquoi de tant de fabricateurs de mondes, ne s'en est-il pas trouvé un seul qui soit parti d'un principe vrai, et reçu de tous les hommes raisonnables ? Ils ont adopté des chimères, et ont voulu les expliquer. Mais quelle explication ! Ils ressemblent parfaitement aux anciens historiens. La tour de Babel avait vingt mille pieds de haut ; donc les maçons avaient des grues de plus de vingt mille pieds pour élever leurs pierres. Le lit du roi Og était de quinze pieds. Le serpent qui eut de longues conférences avec Eve, ne put lui parler qu'en hébreu : car il devait lui parler en sa langue pour être entendu, et non en la langue des serpens ; et Eve devait parler le pur hébreu, puisqu'elle était la mère des Hébreux, et que ce langage n'avait pu encore se corrompre. C'est sur des raisons de cette force que furent appuyés long-tems tous les commentaires et tous les systèmes. Hérodote a dit que le soleil avait changé deux fois de levant et de couchant ; et sur cela on a recherché par quel phénomène ce changement s'était opéré. Des savans se sont distillé le cerveau pour comprendre comment le cheval d'Achille avait parlé grec ; comment la nuit que Jupiter avait passé avec Alcmène fut une fois plus longue qu'elle ne devait être, sans que l'ordre de la nature fût dérangé ; comment le soleil avait reculé au souper d'Atrée et de Thieste; par quel secret Hercule avait passé trois jours et trois nuits dans le ventre d'une baleine ; enfin, on a compilé et empilé des écrits sans nombre pour trouver la vérité dans les plus absurdes et les plus insipides fables.

(10) *Mais je pense, entre nous, que vous n'existez pas.*

Spinosa, dans son fameux livre, si peu lû, ne parle que de Dieu, et on lui a reproché de ne point connoître de Dieu. C'est qu'il n'a point séparé la Divinité du grand tout qui existe par elle. C'est le Dieu de Straton; c'est le Dieu des Stoïciens.

Jupiter est quodcumque vides, quodcumque moveris,

C'est le Dieu d'Aratus, dans le sens d'une philosophie audacieuse.

In Deo vivimus, movemur et sumus.

La marche de Spinosa est plus géométrique que celle de tous les philosophes de l'antiquité. C'est le premier athée qui ait procédé par lemmes et par théorèmes.

Bayle, en prenant la doctrine de Spinosa à la lettre, en raisonnant d'après ses paroles, trouve cette doctrine contradictoire et ridicule. En effet, qu'est-ce qu'un Dieu dont tous les êtres seraient des modifications, qui serait

jardinier et plante, médecin et malade , homi-
cide et mourant , destructeur et détruit ?

Bayle paraît opposer à Spinosa une dialec-
tique trés-supérieure. Mais quel est le sort de
toutes les disputes ? Jurieu regardait Bayle
comme un *compilateur* d'idées plus dan-
gereuses que celles de Spinosa. Arnaud et
ses partisans tombaient sur Jurieu comme sur
un fanatique absurde. Les jésuites accu-
saient Arnaud d'être au fond un ennemi de la
religion , et tout Paris voyait dans les jésuites
les corrupteurs de la raison et de la morale ,
et des fabricateurs de lettres de cachet. Pour
Spinosa , tout le monde en parlait, et personne
ne le lisait.

Voici l'analyse de tous ses principes :

Il ne peut exister qu'une substance ; car qui
est par soi, doit être un, et ne peut être limité :
la substance doit donc être infinie.

Il est impossible qu'une substance en pro-
duise une autre, sans qu'il y ait quelque chose
de commun entre elles. Or ce quelque chose
de commun ne peut exister avant la substance
produite ; donc la création est impossible.

Une substance ne peut en faire une autre ;
puisqu'étant infinie par sa nature , un infini
ne peut en créer un autre.

Il n'y a donc qu'un infini ; donc tout est mode.

L'intelligence et la matière existent ; donc l'intelligence et la matière entrent dans la nature de cet infini.

La substance étant infinie, doit avoir une infinité d'attributs ; donc l'infinité d'attributs est Dieu ; donc Dieu est tout.

· Ce systême a été assez réfuté par l'humain Fénélon, par le subtil Lami, et sur-tout de nos jours, par M. l'abbé de Condillac, par M. l'abbé Pluquet.

Depuis Brama, Zoroastre et Thaut, jusqu'à nous, chaque philosophe a fait son systême, et il n'y en a pas deux qui soient du même avis. C'est un chaos d'idées dans lequel personne ne s'est entendu. Le petit nombre des sages est toujours parvenu à détruire les châteaux enchantés, mais jamais à pouvoir en bâtir un logeable. On voit par sa raison ce qui n'est pas ; on ne voit point ce qui est. Dans ce conflit éternel de témérités et d'ignorances, le monde est toujours allé comme il va ; les pauvres ont travaillé, les riches ont joui ; les puissans ont gouverné, les philosophes ont argumenté, tandis que des ignorans se partageaient la terre.

(11) *Qu'il faut parler au Verbe, et qu'il nous répondra.*

Par quelle fatalité le systême de Mallebranche paraît-il retomber dans celui de Spinosa, comme deux vagues qui semblent se combattre dans une tempête, et le moment d'après s'unissent l'une dans l'autre ?

« Dieu, dit Mallebranche, est le lieu des
» esprits, de même que l'espace est le lieu des
» corps. Notre âme ne peut se donner d'idées..
» Nos idées sont efficaces, puisqu'elles agis-
» sent sur nos esprits. Or, rien ne peut agir
» sur notre esprit que Dieu . . . . Donc il
» est nécessaire que nos idées se trouvent dans
» la substance efficace de la Divinité».Liv. III
de l'Esprit pur, partie 11.

Voilà les propres paroles de Mallebranche. Or si nous ne pouvons avoir de perceptions que dans Dieu, nous ne pouvons donc avoir de sentiment que dans lui, ni faire aucune action que dans lui; cela me paraît évident. On peut donc en inférer que nous ne sommes que des modifications de lui-même. Il n'y a donc dans l'univers qu'une seule substance. Voilà le Spinosisme, le Stratonisme tout pur. Et Mallebranche pousse les illusions qu'il se fait à lui-même , jusqu'à vouloir autoriser son système par des passages de St. Paul et de St. Augustin.

Je ne dis pas que ce savant prêtre de l'Oratoire fût spinosiste ; à Dieu ne plaise ! je dis qu'il servait d'un plat dont un spinosiste aurait mangé très-volontiers. On sait que depuis il s'entretint familièrement avec le Verbe. Eh ! pourquoi avec le Verbe plutôt qu'avec le S.-Esprit ? mais comme il n'y avait personne en tiers dans la conversation, nous ne rendrons point compte de ce qui s'est dit; nous nous contentons de plaindre l'esprit humain , de gémir sur nous-mêmes , et d'exhorter nos pauvres confrères , les hommes, à l'indulgence.

(12) *Exprès pour nous damner*, etc.

Il faut avouer que ce système, qui suppose que l'Être tout-puissant et tout bon a créé exprès des millions de milliards d'êtres raisonnables et sensibles, pour en favoriser quelques douzaines, et pour tourmenter tous les autres à tout jamais, paraîtra toujours un peu brutal à quiconque a l'humeur douce.

(13) . . *Que, sans son harmonie*, etc.

L'harmonie préétablie et les monades de Léibnitz.

(14) . . *Dans ses turlupinades*, etc. .

On a fait assez connaître l'idée d'aller disséquer des cervelles de Patagons , pour voir la
nature de l'ame ; d'examiner les songes pour
savoir comment on pense dans la veille, d'en-
duire les malades de poix-résine pour empê-
cher l'air de nuire; de creuser un trou jusqu'au centre de la terre pour voir le feu cen-
tral. Et ce qu'il y a de déplorable , c'est que
ces folies de Maupertuis ont causé des guerres
et des infortunes. Voyez , dans les œuvres de
Voltaire , la Diatribe du docteur Akakia.

(15) *Notre Consul Maillet.*

Il a prétendu prouver qu'originairement les
hommes avaient été des poissons. On connaît
aussi le système vraisemblable par lequel la
mer a formé les montagnes , et la terre est de
verre; mais celui-là n'a encore rien produit de
funeste.